ŞU SEVDALAR TEVATÜRÜ

Can Bonomo

bibliyon.

Şu Sevdalar Tevatürü
Can Bonomo

ISBN: 9786054609857
1. Basım: Mart 2016, İstanbul

Yayın Yönetmeni: Özlem Özdemir
Redaksiyon: Damla Kellecioğlu
Son Okuma: Yoldaş Özdemir
Sayfa Tasarım: Eren Taymaz
Kapak Tasarımı: Can Bonomo

Bibliyon Yayınları
İMÇ 6. Blok, No: 6435, Unkapanı,
İstanbul
Tel: 0212 512 99 00
Fax: 0212 519 44 15
E-mail: bilgi@bibliyon.com

bibliyon.com

Yayıncı Sertifika No: 19368

© 2016 Esen Elektronik San. ve
Tic. Ltd. Şti.
Baskı: Alioğlu Matbaacılık, Basım
Yayın Kağıt San. Tic. Ltd. Şti.
(Sertifika No: 11946)
Orta Mah. Fatin Rüştü Sok. No:
1-A, Bayrampaşa- İstanbul
Baskı Koordinasyon:
Burak Demirsaran

ŞU SEVDALAR TEVATÜRÜ

Can Bonomo

bibliyon.

Anneme

SUÇ VE FEZA

Masum sayılırım yazmak suçsa
Hele ki bu yazdıklarım hep kırık şiir
Turnalar yazmak oturup uzun uzun
Ve bir ömrün tarifini yazmak bu kadar kısa
Masum sayılırım sevmek suçsa
Annem vardı birkaç anımda ve hepsi bu
Edebiyatı sevdim ya da
Çok çabuk affettim Raskolnikov'u
Masum sayılırım affetmek suçsa
Affetmek masal kahramanlarını
Ve mutluluğu aramak yazarların düş kırıklarında
Ya da affetmek kendi kendimi
Zapt etmek erken kırklarımda
Masum sayılırım düş görmek suçsa
Bedelini ödememe rağmen
Uyku haplarıyla
İşte suç
Ve işte ceza
Yine âşık olurum biliyorum

İnanmam seviştiklerime
Sevdiklerimin yarısına inanırım
Ve büsbütün inanırım tüm terk edişlerime
Masum sayılırım âşık olmak konusunda
Hiçbir son mutlu olmadı fakat yine de sondular
Umutlu değilim dikkatim dağınık
Son durak
Makinist çoktan indi ve kırık kalpler çelik bir kutuya
kondular
Bir ömrün yarısına yaklaşıyorum hızlıca
Yendim 27 olmayı teşekkür ediyorum
Çok yaşamam haberim var
İçtiklerimi iyi içiyor, yediklerimi dikkatle seçiyorum
Masum sayılırım öldürmek suçsa
Çoğu kez aşklardı ölenler ve öyle doğmuşlardı sonuçta
Masum sayılırım suçsa delilik
Bedelini ödememe rağmen
Bil işte suç
Ve işte feza
İşte atmosferden kaçıp kurtulabileceğimiz bir delik
Önümüzde bir bu kadar daha ömür varken üstelik
Masum sayılırım yaşamak suçsa
Selamımı alan harman kaldı
Elime değen orman çiçek soldular
Masum sayılırım suçsa paylaşmak
Zaten yarı yarıya anlaşılmadım
Anlayanların yarısı da
Sadece mutsuz oldular

MERKEZKAÇ NEWTON KOVALA

Bir romanın son sayfası yırtılır
Sen bir şeyleri terk ederken
Ve bir roman misali savrulur o belin Güzel
Hasret artık bir şarap, tadı eskidikçe çirkinleşir
Sen bir şeyleri terk edersin
Ay ölür mutlaka
Ve karanlıkta büyütür o bütün engellerini
Kimi engel o bizim öpüştüğümüz bank yok mu
Onun dengesini bozan tümsek gibi misal
Ama kimi engel var ki dağdır
Bir dönem tutuşulan eller sağa sola salınır bileklerinden
Güzel işte bunun adı elvedadır
Bir perde aralanır o pek şahane olmayan boşluklara
Sen bir şeyleri terk ederken
Bileklerin de kıpırdamaz üstelik
Sonra çöller dolar içine ormanlık sevdaların
Öyle bir şeylere alışırsın ki alışmak başa beladır
Çünkü nefes almak gibi bir şeydir alışmak öpüşmeklere

Sen bir şeyleri terk edersin
Güneş yazdan uzaklaşır
Sen bir şeyleri terk edersin
Ve yargısız infazlar meşrulaşır
Belki adını 'Hoşça kal' diye değiştirirsin Güzel
Öyle vedalaşmak da kolaylaşır
Ayrılır gibi bir erguvanın bedeninden yüzlerce dal
- "Senin adın ne?"
- "Hoşça kal."
- "Hoşça kal öyleyse Güzel.
Güzeli öyleyse, hoşça kal..."

DÜNLERİN KİRİ

Bu neydi böyle çığlık gibi geçti üzerimizden
İki tutkulu mutsuz mecbur
Yabancı iki korkusuz ama meraklı sevişmelere
Bir gece yarısı şeytanı üfledi içimize doğru
Neydi böyle hayat ağrısı duru dumanda
Korkak iki cesurun tövbesi terk etmelere

Seni sevmiyorum öpme tükür beni

Sen benim ilk günahımsın gözümde dur
Durma!
Bana kendini hatırlat!
Gözlerimin içinde ara bul ve çekip çıkar beni
Şiir gibi bir şeyler olsun gece
İçimizde bir şeyler ölsün el ele gömelim
Durma!
Bana kendini hatırlat!

Kaç yaşındaydın nerede çok küçükken
Ellerini kimler tuttu da götürdü dudaklarına
Hatırla beni!

81 yılında doğdu ablam ölüydüm daha
Sonra beni sana itti işte böyle yaşamaklar
Yalanlar oldu çoktan seçtim
Seviştim!
Aldatılan ve yanımda kalanlarla üstelik
Sensiz kocaman bir hayatım vardı yaşamadım
Es geçtim

Durma,
Bana kendini hatırlat!
Hangi denize güzeldir haziranda kıyıların
Ben de aziz sayılmam bakma böyle şiirime
Biraz sever terk ederim huyum böyle bozuk yani
Tanış beni!

1997 yılıydı 10 yaşıma bastığımda
Senin annen hiç ölmüş müydü?
Durma!
Bana kendini hatırlat!

Gel yanıma mutlu perişan

Tut bir ucundan şu ömrü yardım et
Ya ölelim de de ölelim
Ya da ölümü yaşamaklara bölelim
Şarkılar için yapalım bunu
Çocuklar için
Hiç doğmayacak ve doğmamış çocuklarla

Gülelim

Beni öpme tükür beni
Kollarındaki yaraların yaşı kaçtı
Hatırlat!
Neredeydin 99 depreminde?
Görmediğim nen var geri?
En sevdiğin sevgi çeşidi ne çeşit bir sevgi çeşidiydi?
Hatırlat!

İlk günahım benim esmer
İlk günahım benim sarışın
İlk günah işlendikten sonra gerisi kolaydır
Tanrı size elinin tersiyle dokunmuşsa bir defa
Cehennem çokuluslu analitik bir olaydır
Açıkla bu boynumuz neden eğik
Bu yalancı bakışlar neyden emin
En sevdiğim rengi sor bana
Ölüm rengiydi daha demin
Sor bana ne oldu o mevzular
Sor bana ne yaptım o işleri
Sor bana şu kısıtlı ömrümün her günü sonsuz muyum
Sor bana rengim solmuş
Bugün herkes ve her şeyden biraz daha mutsuz muyum
Çünkü hayır
Çünkü değilim

Çünkü

Issız bir çölde gidiciyim
Önümde gölgelikte bir vaha
Ben bu hayatta geçiciyim
Bana
Bir güzel kadın;
Yanında bir güzel kadın daha!
Ne kadar mutsuz bir sevinç var içimde gülüyorum
Ne kadar gülüyorum kahkahalarım ağlıyor
Seni şimdi hangi âdemler tutacak o parmaklarından
Ve sinema salonlarında her film
Karanlık odalarda entelektüel öpüşme girişimleri

Öğren beni!

İlk arabamı 2008'de aldım ikinci eldi siyah
Bir sene bindim binmedim haciz geldi aldılar
Ankara'ya çok giderdim o sene
Ve ne kadar da manidardı yolda çalan şarkılar

"Gitme böyle bir aşk yok
Var mı böyle bir sevda
Var mı aşkı cana can yaşayan
Suçlanmış bizim gibi
En masum günahlardan
Var mı bu dünyada böyle iki sevdalı"
Sence yaşamak için ölmek mi
Yoksa doğmadan ölmek mi daha iddialı

Ben seni tanımadan önce seviyorum
Hem de hiç yaşamadan sonrasını

Sen benim ilk günahımsın
Gözümde dur
Durma

Hatırlat...

GİDERİM İSTİKRARLI SIKILGAN

Ben artık giderim buralardan
Kalemlerimi bırakırım
Anahtarlar yine üst çekmecede durur
Gece iner / Ses gelir / Annem ölür
Ben giderim

Belki uzak bir yerlerde uçurtmalar olur onlara bakarım
Mutsuz olurum ama kimse dokunmaz çocuk olmama
Penceremin pervazına kuşlar konar
Elveda demem selam veririm
Güzel bir dal bulurum yerden
Kuşlar uçar
Uçar üzerimden ve unutur beni şehir
Klasik müzik / Aslında ne güzeldir

Ben artık giderim buralardan
Kışlıklara dokunmam
Sen yeni bir film izler ondan etkilenirsin
Başroldeki kız da sence senden çirkindir
Sen vasatın altında yüksek bütçeli
aşk filmlerini ne çok seversin diye
Ben giderim
Bütün kızlar senden çirkindir
Sen film sektörüne nazaran daha görkemlisindir artık
Ha.. Sektör
Bak ne komik kelimedir

Burası benim hasretim olur artık
Sokaklarım darağacı
Bir simit alırım elime kemiririm yol boyu
Balkonlarında oturan teyzeler izleyebilirler beni
Genç âşıklar bana bakıp öyküler uydurabilir
İsim takabilirler bana
Ya da seslendirirler beni
Ben giderim

Sen dördüncü kitabını yarıda bırakıp
yeni bir kitaba başlamış olursun
Peşimden gelen kuşlarla öyle
Ben giderim

Ocağın altını kısarım
Kolaçan ederim evi önemli değil
Karşıdan karşıya geçerim önce
Bir araba sağdan iki araba soldan
Ceplerimi yoklarım sonra
Telefon, anahtar, cüzdan / Telefon, anahtar, cüzdan

Geceden yıkadığın beyazları asarım
Sen başka bir adamla sevişirsin ayaküstü
Sen / Kestane rengi saçların
Herif / İtalya'da uğursuz rakam 17'dir.

Ben artık giderim buralardan
Pembe hapların aynalı dolapta durur
Sen makul ol diye
Sen / Uykusu bozuk ve kırılgan
İstikrarlı sıkılgan

Beni evden uzakta kesin döverler
Kış geçer / Saçın hiç ben kokmaz artık
Muhtemelen sekizinci renginde yıpranmış ve kısa
Belki selam verdiğim kuşlar
Çıkarken yaşadığımız evden
Uçup da şehirler boyu
Haber eder size benden

Seninle sevgili olmak evde vaşak beslemek gibidir sevgilim
Döşemelerin anası sikilir ama yine de en güvenli yerimdir
evim

Özleme beni

GEL OYA DÜNÜ

Sen beni şakaklarımdan taşıran bir al kara
Başka başka aşklar yağsın üzerine başka ol
Tenini terk ederken ruhun son pozları
Okudum avare okudum anam itti
Zaten ne olacaktın Emile...

                       -aha zati kitap bitti

Sırtımda beni yere iten bir neşit aba
Taşırken yıldızları yıldız üstüne
Hepimizi eşit sevecek şerefsiz bir baba
İşim bu benim der gibi tekere billah
Allahım tut beni dedim...

                       -ana bak Allah gitti...

Uzanırken dağın ardına parlak abel gazino
Kaçak silah çay kaçak
Nikâh (t)çay yare uçak
Bir kelebeğe ördüktü o son kurşunu
Niyet güzelkene anlamayanın hakkı kötekti
Silah patladı meteliğe...

                       - aha da önümden sekti...

Sonra yeniden açılmasın mıydı paravan?

Ferdi Tayfur'lar da bu kasetten üstelik

Siz benim yerime de çalın hırsızlıktan ne yapalım

Benim için de öldürün cinayetleri

Durdum biçare durdum anam itti

Ölmüş mü bayılmış mı oğlan

-açılın açıl ambulans yetti

Bana bir güzellik yapaymış da hâkim bey

Hrazdan'dan Ararat'tan aldık evi

Uzandım birine gayrı yorulmuyorum

Sevgilimin gözlerinden döküldüydü bu boncuklar

Üşüşmüşüm anamın tüm sahillerine

Macarca fal bakıyorum

Sen gel oya dünü bencil

Gel oya dünü sen ve ben

Bir varmışım o dudaklara dur be!..

(-bir öptüm aklı gitti...)

RIGOR MORTIS

Sen bana sağlıcakla dersin
Rüyalarım sakatlanır
Sanki bir deli rengi ölü orman olurum
Cesetler cisimlenir dallarıma çeşitkenar
Başkayım bu yangınlardan, yut beni!
Gitme, beni denizlerinde uyut!
Sen bana sağlıcakla dersin
Kemanın telleri atar karanlığa
Mezarlarından dirilir olacaklar
Öleceklere çare
Zaten yoktur
Bir de feci efkârlar basar gündüzü
Sen bana sağlıcakla dersin
Rakı donar
Dilimle şekiller veririm ağzımdaki yalnızlığa
Haysiyetsiz haziranlar başımda
Başım
Duman!

Bana annemin bakışlarını bak
Hayallerim dizanteri
Bir günah al benden iki günah ver geri
Ben de tüm yapraklarıyla bir gülü
Ant içerim ölmeye
Sarıl bize şimşek, sarıl bizi!
Biz iki ödlek deli dize
Çak üzerimize savul bizi!
Topraklara serpilirim yalnızca güpegündüz
Çok boğumlu olur bütün hayat hatlarım
Bir taksi çağırırım içimdeki küçük çocuğa
Paslı bir pensle çekerim azı düşlerimi
Sen bana sağlıcakla dersin
Ben belli belirsiz olurum kül rengi kalabalıklarda
Sevmek artık bile bile ıslanmaktır
Ve sen istemezsen
Hiçbir coğrafyada yağmur sağanak yağmayacaktır

LA POÉSİE D'UN JUNKY
(Çatılarda yitirdiğim dostluklara)

Nerede kaldı batının o çiçek limanından
Denizi dantel gibi işleyerek gelen o demirden gemileri
Bana yeni bir baba
Biraz morfin
Ve beni sevebilecek kadar şahsiyetsiz
Cansız bir gelin getirmeliydiler akşamüzeri
Sakallarım batıyor iniyorum kucağımdan
Bana dünyanın öte ucunu gösterecek
Uzun uzadıya bir dürbün arıyor ellerim
Ve ne şanslıyım ki buluyorum hemen sonra
Gemiler arıyor bulamıyorum
Önce bir kralı izliyorum çalışma odasında
Ve ne ilginçtir ki o da benim evimin üzerine
Bir raptiye batırıyor duvarda asılı dünya atlasında
Çünkü cadılar yakılmalıdır
Kazıklara çakılmalıdır
Zavallı zavallı zavallı adam
Cesedine bastığım belki yirmi beşinci kral olacaksın
Ve yardım edeceksin diğer ölülerin üzerinden aşıp ufka
                                                tutunmama
Dürbünümü çalışma masama bırakıyorum çünkü ezan
                                                okunuyor
Ezan bu serüvenin mistik ortamını örseliyor biliyorum,
                                                bekliyorum

Allah kabul etsin
Allah ka... işte buluyorum gemileri!
İşte denizin üzerinden çağlayarak
Âdeta bölünüp çoğalarak gelen batının gemileri!
Babama bakıyorum bana benzemiyor
İşte bu iyi haber seviniyorum
İşte yeteri kadar morfin
İşte güzel gelinim
Ne kadar ölüsün
Getir bana o soğuk ellerini
Solgun dudaklarını getir
O vahşi ve donuk yüz hatlarını
Ne kadar hazırsın sevmeye
Uyku problemi olan
İstanbullu
Kral katili
Morfinman bir piçin
Halüsinojen uyku haplarını

YAZEL

Taşındığın yalnız evleri yaz dedi
Bak bu beğendiğin omuzlarıma dokun biraz
Hiç unutmuyorum siyah ketendi elbise
Ben bir söğüdün salkım saçak dallarıyım
Ellerim hep keten helva
Sana silah kullanmayı öğreten babanı yaz
Yaz birer birer
Ne için öğrettiğini yazma
Şiir de olsa yazılı metin suç duyurusuna girer
O kadar da kış kalmış ki cebimde yazdan
Ellerim üşüyor ellerim ayazdan
Ellerim ince söğüde değen sazdan
Çocukken en çok sevdiğin rengi yaz
Ve kafamı ne zaman başka yöne çevirsem o dudakları orada
Beni ilk öptüğün yazı unutma yaz dedi
Yaz biter ama yazı kalır

Yazı yaz ki yaz da yazıda kalsın okunur
Seviştiğimiz damları çatıları yaz
Yalnızca baş harflerimizi yaz ama konu komşuya ayıp olur
Güzeldi ama güzeldi yine de
Unutma yaz dedi
Gelenekçi bir ailenin kızı neden boyatır saçlarını uzatıp da
Ya da kaç sayfaya kaç çay demlenir şöyle bir uzanıp da
            Bir sarmaşığın motivasyonu nedir sarılırken tanımadığı
evlere
Birbirine benziyor güzel dediğimiz yaz günleri
Güneş geçirmez günlerimizi güneşe yaz dedi
Bir sigara daha yakardım yakmadım
Sonra beni neden sevdiğini yaz dedi
Son damlasıyla mürekkebin

"Çünkü ben de bilmek isterim."

Yazmadım.

SONSUZUNCU KATA ÇIKAN ASANSÖR

Bu dünya böyledir işte
Sonsuzuncu kata çıkan bu asansörde ikimiz
Bak kaç kere yine dönüyor dönmedolap
Ve kaç ayrılığın kaçı kaç yerinden ayrı durur hâlâ
Bir temmuza tutunuyoruz alınterimizle kısa ve dar
Sevişmek artık yeni güller açmış ortasında kışın
Ve anlamsızlıklar sözlüğünde yepyeni bir sayfadır artık
elinde başkasının eliyle bana attığın her bakışın
Bu dünya böyledir işte
Sonsuzuncu kata çıkan bu asansörde ikimiz
İşte yine tam karşımdasın
Pek güzel kadınsın tebrik ederim
Hadi biraz yaklaş da bayramlaşalım
Sen bana iyi ki doğdun de
Ben bileklerimi acemi bir ivedilikle keserim,
                                    bileklerim dert değil

Bu dünya böyledir işte
Sizin gibi saçlı saçlı kadınlar
Nasıl olsa vardır zamansız ölüm kadar huzurla yaşamaklar
Mutlu ilişkiler de vardır ama vardır ahlaksız kaçamaklar
Biz sevmesek sevecek başka birini bulur şairler
Şairleri sevecek birileri mutlaka vardır
Kaç kere yine tam karşımdasın
Sonsuzuncu kata çıkan bu asansörde ikimiz
Artık öyle çok yıldızlar da kaymıyor ki göğe doğru bakalım
Çiçekler köklerinden sıkılmışlar bu besbelli
Kuşlar gündüzleri şiirlerde uçuyor geceler hepten karanlık
Bu dünya böyledir işte
Asansörü asansörle ısırıp koparıverir insanın zihninden
Savaşmak istediğin zaman rakibini bulamazsın
Çatışmak istediğin zaman alan birdenbire daralır
Sonsuzuncu kata çıkan binlerce asansör ve kalabalık

Sizin gibi rujlu rujlu kadınlar
Nasıl olsa kurulur koalisyon
Sergiler kokteyller televizyon
Şairleri sevecek birileri mutlaka çıkar
Uçurtmalar uçuyordur uçurtmalar vardır
Bu dünya böyledir işte
Sonsuzuncu kata çıkan bu asansörde ikimiz
Sonsuz vaktim var öpüp gönlünü almaya
Alıyorum da istemeden
İnsan bazen üşeniyor yalnız kalmaya

İNCE UYUM

Bir şiiri tutup iki ucundan dünyaya doğuruyorum
Bir başak kadar ince veya
Ellerin kadar beyaz
Bir hikâye düşüyor peşime kurtulamıyorum
Sonra birden büyüyor tüm çiçekler
Öteler başaklardan
Romalardan büyüyor
Bir merhaba yoldan çıkıyor nasılsın oluyor
Bir ekmeğin içini oyup kuşlara veriyoruz
Bir kuş selam veriyor geri

Ve bir hayır evet oluyor seviniyoruz

Sen beni öpsen

İstanbul jeopolitik önem kazanır bakma
Bunlar daha köprü yapıp duruyorlar
Bir şiiri tutup iki ucundan dünyaya doğuruyorum
Bir papatya kadar narin
Ya da gözlerin kadar siyah

GİTMEK

Bu şimdi benim en kıymetli gitmemdir
Otobanları hatmedilmez meçhul bir fezaya
Yağmuru ıslatan bir lekesiz gitmektir bu
Cemaziyevveli meçhul bir cezadan
Hicaben çıkılmış tekdüze bir hizadan
Bu şimdi gitmek olur ben giderim
Sana hiç solmayacak bir hatıra bırakırım giderken
Yani ormanı andırmamalıdır hatıralar
Sulanmak istememeli suyu andırmamalıdır
Bu benim en gizli gitmemdir yani
Çocuğu uyandırmamalıdır
Dünyayı kuşatan incecik bir gitmektir bu sorsan
Sorsan giderim bir ağaca dayanmaya derim
Desen ki ağaç kurur
Giderim bir insana inanmaya derim
Desen ki insan ölür

Bu şimdi benim en vurdumduymaz gitmemdir
Ben giderim

Cebimde bir keşke
Gözlerimde nihayet

Yazma
Taşıyamam gittiğim yollar dardır
Hem sen şimdi bir yazarsın
Okumak gitmekten de ağırdır

ÇAYA

Ölmek istediği gün vardı çayın tadına
Nehir yanından akıp geçti
yüzüne bile bakmadan
Şapkasını aldı eline şapka sustu
Bir yurt oldu kapandı içine
Bir mevsim oldu iklimi şaşkın
Köstekli saati öğlen dedi
Öğlen oldu
Rüzgâr ekti fırtınayla son bir kez yüzleşmek için
Sen esip geçiyorsun dedi fırtınaya
Bense vazgeçiyorum artık
Bir nehrin başına oturmuş
Elinde şapkasıyla
Öğleni beklerken son çayını içen
Yalnız bir ihtiyar olmaktan

MALUM ALTIN FURUŞ

O zaman o meşru dalgalara doğru
Bir ateş yakalımdı dumanı göğe
Bütün kuşları İstanbul'un
Yine en güzelin etrafında güzeldi
Güzel
(Lütfen kuşları olur olmadık yerlerinden
öpmeyelimdi ayrıca)
Suya doğru sevdikti hepimiz
Naifliğimizle kararlı
Zaaflarımızla yararlı
Hasret evinde güzeldi
Ve sevda hasta yatağında ırmakların
O zaman bir şiirle bir romanın
Ya da bir platoyla bir ovanın farkı
(Katarakt ve glükomanın keza)

Yanlış bakmaktı

Akşamüstü diyorum
Akşamüstü özellikle
Çünkü akşamüstü
Sabahın bozduğu sinirleri onarmaktı
İşlemeyen bir masalın ortasına
demirden bir çivi çakmak
(Lobotomi keza)
Yalnızlığa dair her şey
Yalnızlığın dışında kalan şeylerin
tümüne yalnız uyanmaktı
O zaman o meşru bulutlara doğru
Bir el sallayalımdı selam diye
Ve ötesinde saman sayfalarıyla bizi ayıran
O çok bereketli dönemleri hani
romantik hareketin
Belki de çok çok tilkileriz ikimiz
bu ormanlarda
Kabul etmese de birimiz
Dağların dahi nefesini keserken öpüştükçe
Bu ağaçlar bizi seviyordu
Göğe doğru sevdikti birimizi ikimiz
Çünkü çocuk sesleri
Oradan geliyordu...

"Annesini sevmeyen bizden uzak olsun"

Bİ' KİNİNİN ÖLÜMÜ
(Ya da yazın yalnızlıklar neden meşrulaşır?)

Biz bu haylaz çocukların en ihtiyarları
Biliriz yalnız kalmakları
Birinin ellerini son kez tutmak gibi
Gidenin arkasından bakmak ya da
Bir şarkı daha çalar haziran olur biliriz
Ve cebimizdeki çakmakla da
Bir mektup yakarız annemize doğru
Bir mektup yakar
Bir mektup söneriz
Biz bu sürünen sürünün en son sürümü
Yeri gelir şeytanı şeytanlarla
Tartanı kantarlarla döveriz
Babamız biraz varsa paramız hiç yoktur
Biz bu yokuşun en yokuşu
Beyoğlu'ndan bir trene bineriz
Beyoğlu mora çalar
Ve bir çiçeği koklarken ürkütürsek bir kuşu
Uykusunda konuşur yoksun rengi taraçalar
Bir yaprak daha düşer temmuz olur biliriz
Bir güvercindir canımıza yeter

Sokakta oynayan o çocuk
esmerliğiyle baş başa kalır
Anneler mutfağa girer
Ya o tabak biter
Ya o tabak biter
Öylesine bir iki ayrılık olur ağustosta
Biz bu haylaz çocukların en ihtiyarları
Biliriz yalnız kalmakları
Gözünü evin herhangi yerinde açtığın anda saydığın
                              ayakkabı sayısı bölü iki,
Seviştiğin insan sayısı eksi bire tekabül ediyorsa
Bunun adı komünal yalnızlıktır.
Ve ayakkabılarını çıkarmadan sevişecek mertebede bir
                              yalnıza sırt çevirmek
İstatistikleri altüst edecek olsa dahi
Yalnızlığa haksızlıktır
Biliriz

SEVDA KERE

Özlemek diyorum seni
Bir kurşun kere fırlıyorum sokaklara
Hasret septik bir şok kere
Hırpani ve çok kere
Yani devriliyorum bir banka ölüm oluyorum
Özlemek
Eşe dosta bölüm bölüm çok defa
Özlemek
Misal göğe bakıp bir rakam oluyorum
İki olmuşsam bir başkasıyla
Hemen sıkılıp bırakan oluyorum

Sonra her işin artısı eksisi
Çarpması bölmesi ölmesi gömmesi

Özlemek kere özlemek diye
Kılıçlar yutmak istiyorum ateşler yutmak
Ölmüş bir kelebeği kanatlarından tutmak
Allah, Allah kere Allah yine çok şükür

Üşüyorum
Terliyorum
Sızlanıyorum
Hızlanıyorum

Bir poyraz kere esiyorum içerime içeri

Bir çocuğa kayıp coğrafyalar satıyorum ne ayıp
Sadece özledim diye seni
İçim delik delik içim kurşun kere
Özlemek diyorum özlemek
Boş vermek demektir Allahları
Açılıyorum sahile doğru

Bir tekme savuruyorum rüzgâra

Çağlarca yazıyorum özlediğimi
Özgürlük
Sözgelimi sana yazdığım yüzlerce mektubu
Endişe
Masamda yapışkanı açılmamış düzinelerce zarf pulu
Sevda
Bir çakmak olsun cebimde yeter

Yakmak kere yakarım İstanbul'u

TEKİL

Günleri ucu ucuna tutuşturdu
Korktu canı eğik öyle yaşamaktan
Neyi söylemek isterdi durdu düşündü
Terinde mayıs kokusuyla mahcup
Daha doğarken mağluptu gizledi

Borcu da borçtu gariban
Başı göğsüne doğru bir ufak eğildi
Aldı eline kadehi dünya sandı
Yaktı sigarasını deniz söndü
Ya dedi Allah

Ya da dedi bakıcaz...

MANEVRA PLAN B

O gelen sonların renginde bir kahkaha duyuluyordu
O solan güllerin dilinde kırılgan şarkılar
Köprüler bizi uçurumlara götürüyordu
Çünkü yalnızca gerçek uçurumlar yakın tarihe kafa tutar
Sessiz kalanlar ya engebeli yokuşlardır
Ya da ulusal televizyonlar
Halbuki öpüşmek istiyorduk kendi rengimizde kendimiz
Sarılmak yine
Kendi kendimize
Adam olmak istiyorduk tam orta yerimizden vurulmadan
Ya da
Korkmaz olmak ve korkutulmamak bu kadar
Yamuk ve paslı yapıyordu bizi böyle uzak olmak
Yakın olamamak nefes almaya gündüz vakti
Gerçek o kadar tehlikeli bir mevzudur ki
Hükümet nezdinde pek sıklıkla tercih edilmez
Anladık
Biz neredeyse üşüyerek öğrendik yudum yudum her şeyi
Kanun ten rengi bir gerdanlıktır
Bu yüzdendir ki adalet,
Failinin otopsi raporunda gözükmez!

Anladık
Bizim silahımız mürekkep
Bizim kalemimiz çoğalmaktır
Esas görevimiz
Gözaltına alınan kardeşlerimizin isimlerini bağırmaktır
Çünkü rakam sevdalıları kardeş nedir bilmezler
Anladık
Şimdiyse havada asılı kalan bir marşa gebedir haklı olmak
Doğruyu gözümüzün içinden çalanların marşı
Sırtlardan göklere tırmananların
Sırtlarına binilen insanların ahıdır bu
Ön saflarında duransa cahilin cühelanın şahıdır
Yönet bizi!
Yönet bizi!
Satır ver elimize; ön et bizi!
Örf ve âdetler kanunun önüne geçebiliyorsa
İşler zıvanadan çıkmış demektir
Anladık
Bizse özgürlüğüne düşkün bu pervasız deli duman
En çok da sevmeyi biliriz ve gerisi başka meseledir
Dizlerimizi karnımıza çekip beklerken sabahları
Ya da gömerken kardeşlerimizi gölgesine ormanların
Sizden adam olmayacak
İş başa düştü

Anladık...

A PENNY DREADFUL
(ya da ucuz masal)

Hayalperest bir serserinin kafasında kurduğu
Aslında ortada olmayan ama kurguyla da paralel
Biraz daha kirli ve epey de müstehcen
Bir Beyoğlu'nun kucağında rastlaşıyoruz

Hayalperest bir serseri
Maskatıresi İstanbul

Onun nezdinde Beyoğlu da, işte
Ana kucağı, çocukluk hayalleri, ergenlik travmaları,
antidepresan (yüz bir),
İlk sevgili, ilk ayrılık , ilk intihar

Ve

"Elveda Baba;
Artık kendimi senin oğlun olacak yaşta hissetmiyorum."

Yağmur gibi bir şeyler yağıyor üzerimize
Islanmıyoruz da
İşte burası bu tam orta yerinde Beyoğlu'nun
Hayalperest bir serserinin düşlediği
Bir dakika önce nerede olduğunu bilmeyen
Hayata gözlerini yeni açmış
Bir delikanlı düşünce ben
Ve bir dünyalar güzeli seniyiz Beyoğlu'nun

Her elini tutmak istiyorum şimdi
Kara saçlarını saçlarıma saç
İçinde kaç çocuk kaldıysa kaç künyesi şüpheli
Henüz hayatının ilk dakikasını tamamlamamış
Sahibinin zihninde neden uyandığını
Tam anlamamış bir deli fikirim beni kucağına al
Beyoğlu'ndan öpüp kopar beni
Ortaköy'e in benimle
Tarabya'da ölelim

Hayalperest bir serserinin kafasında kurduğu

Deli bozuk bir fikirim
Düşün

Beni kaçır
Başka bedenlere koy beni
Başka birinin Beyoğlu'nda bul sonra
ARS LONGA VITA BRAVIS
Bu öpüşmeleri boya taşırmadan
Belki sonra çay içeriz

Hayalperest bir serserinin kafasında kurduğu
Aslında ortada olmayan ama kurguyla da paralel
Biraz daha kirli ve epey de müstehcen
Bir Beyoğlu'nun kucağında

Hayalperest bir serseri
Maskatıresi İstanbul

Benim dünyalar güzeli cesedim
Öpüp kopar beni Beyoğlu'ndan
Sarıyer'de linç et
Samatya'da göm

AH İSTANBUL

Bize sevişmesi muhtemel
                    BAŞKA BEDENLER BUL...

İVEDİLİKLE EBEDİ GİDEN

Şimdi burada öylece durmuş rüzgârgüllerini izliyoruz
Düşünmeye değecek onca şeyin içinden hâlâ güzel
Bir tek bu garabet rüzgâr gülleri kalmış ne hoş
Hangi dünyada zarlar yutan kumarbazlarız belki de
Hangi günde şu binalar kere heybetli ağaçlarız
Hangi ormanda koşan kırlangıçlarız ne bileyim
Ne oluyor bir tabanca beliriyor içimizde
Namlusunda boylu boyu makara filmler
Kare kare resimler bir olukta hücreleri tahribatlı
Sonra bitkiler eğilir
Sonra düşünceler bükülür
Bir delikanlı mendilini uzatır kanayan bileklere
Anlarız ki bu öykü farklı
Bir bayram telaşı kere geçirgen önemsiz dileklere
Paketlerce sigarayla bir dolup bir boşalan demliklere
İşte bu rüzgâr gülleri ve karşımızdakilere baktıkça
Anlarız ki bu öykü

Farklı

Çözümü bulamadan dört dilim gözyaşı
Bir iki damla peynir
Böyle şeyler içmeden anlaşılmaz
Konuşmadan uzlaşılmaz
Aç karnına içilmez
Ağlamadan sevişilmez

Derken

Orhan Baba'yla ortamın arabeskine bir ince ayar
Yavuz Turgul filme çekse banko iki de yıldız kayar
Ve artık iki bakış arası cenaze
Sağ kalanlar intihar
Hikâyede karakter oynamayan herkes artık

Artık

Şimdi burada öylece durmuş rüzgâr güllerini izliyoruz
Düşünmeye değecek onca şeyin içinden hâlâ güzel
Demek ki son kere artık
Anlaşılmayan hikâyeler yazar kışı geçiririz
Ki şöminede güzel yanar karalı sayfalar
Eni konu bir avuç depresyon
Varsa soframızda iki ölçek kinaye
Bir ünite varsayım
Bir umut umut
Bir yaşam yaşam
Sonra misafirler gelir
Misafirler de küser
Annen arar açmayız
Klasik müziğe gönül veririz sen bir nebze rahatlarsın
Ben bir iki kişinin gözüne girer çıkarım bir şey olur
Zebra o an taydan üstünse
Belki yaşamak özünde sempatik biridir artık

Artık

Günler boyu bekleriz
Uyurken nefeslerimizi sayar
Gündüzler sevişmeleri
Biraz kırgınlık gelir sonra
Ben hemen uçağa biner giderim kesin
Selam çakarım eski yeni biraz dostluklara
Çünkü en iyi sen bilirsin
Babası şerefsiz olanlar katlanamaz zorunlu ayrılıklara
Aklıma geldikçe sigara içerim hemen
İşe girerim
O mektup gelir ablan yazmıştır muhtemelen
Bir hayat başlar bana yeni
Ben ivedilikle ebedi giden
Artık

Sen yoksundur

YAŞAMAK MESELESİ

Işıklar sönüyor teker teker ey
Kalemin pişman tarafıyla yazıyorum
Bir ömür dedikleri şeyin içinde yaşamak
Yani yaşamak demek ki
Taşı kaldırırsın altında ömür
Taşı indirirsin altında ölüm
Sesler duyuluyor yeniden ey
Sokaklarım kömür lekesi
Yani bir beladır ki ölmek
Ölmekler kere satsan satılmaz
Yani diyorum öyle bir tokattır ki
kardeşini gömmek
Dünyanın başkanı olsan
Öyle tokat atılmaz
Sonra kelimelerle anlatmak diyorum
Bir ülkenin toprak altında kalan neşesi
Kalemin küskün tarafıyla yazmak

İşte yine bu yaşamak meselesi
Bir matem alır beni dağlardan denize ey
Karanlığı duymak
çaresiz bir annenin sesinde
Üstelik karanlıklar da aydınlık sayılmış
Hazreti devlet nezdinde
Gör şu halimizi Nâzım
Avukatlarımıza avukat lazım
Kalemin umutlu tarafıyla yazıyorum ey
Öyle bir gün doğar ki yakın
Öyle bir günde oğlunun adını
Deniz koyanların
Kaderin namlusu yüzüne PUŞT diye
Havlayacak ülkemizi soyanların

İLAÇ

Hasret koyuyor adımızı kırmızı
Kırmızı bir kafes içerisinde
Yani bu harman yeni harmandır
Yani tilki bu ormanda kurnaz
Kurnaz yani ormanın içerisinde
Hasret koyuyor adını eli kalem tutan adım
Yüz bin kereler o ateş yutan adam
Yani bu nehirler ters akar
Yani masumdur görece yaşanmışlıklar
Bulutlar artık alıkonmuştur
Ve yüzmeyi unutur onca balık
Kuş öter kara kanatları kara
Denize açılan türlü türlü gemi
Sevda ne kurşun geçirir
Ne de batar rakı şişesinde
Şişesinde yani rakının içerisinde
Yaşamak o taşıdığın silah gibi belinde

Kelebek bile olacaksan ya bir gün yaşamak
Ya da bir insan ömrü yaşamak bir zanlının arka cebinde
Sonra ben çok güçlü iki çoban olurum
Memleket yuhalanır
Hasret artık iki renklidir
Durur kendi köşesinde

Her başlangıç onulmaz bir sondur
Tüm günahlar masum olunca

IŞIKLI PARK

Eski evin sokağından geçtim bugün
O sohbet ettiğimiz bankı kaldırmışlar
Işıklı parkın orta yerinde kocaman bir oyuk var şimdi
Aramızda geçenleri daha iyi anlatamazmış Beşiktaş Belediyesi
Işıklı bir parkın orta yerinde kocaman bir oyuk,
Ve etrafında küflenmiş ve bir dolu çöp tenekesi
Ben kaç kere şiir yazmayı denedim bizimle ilgili

Bu denli manidar olmadı

Biraz oturup düşünsem belki aklıma gelirdi
Gelgelelim bank yoktu
Halbuki güçlü olanlar ayakta kalır ve bunu herkes bilirdi
Bu da ancak bu denli rezil bir hayatta tezahür edecek
Tam anlamıyla bana yakışan, alçakça bir ironiydi
Ben seni bir namussuza yakışır şekilde terk etmeliydim
Bu daha büyük bir yıkımla sağlamlardı gidişleri
Ağacın üzerine iki âşık "Ayça Burak" yazmış
Şerefsizin teki de üzerine "Ayça Burak bu işleri"
Sinirim bozuldu
Ben seni bozmak için şiir yazmayı denedim

Bu denli manidar olmadı

Aynı belediye bizi birbirimizden sökmeliydi asıl
Kendimizi kirlettiğimiz gibi çevreyi de kirletiyorduk
Kuşkuyla
Bencillikle
Yer yer kinle
Bankın bir suçu yoktu
Aynı belediye seni kaldırmalıydı ışıklı parkın orta yerinden
Bir kızla tanıştım sarışın
Adı da sana benziyor üstelik
Huyu benzemiyor çok şükür
Daha az despot, daha az lanet, daha duru ve daha bilgili
Ben yine şiir denemiştim hani senden kurtulamadığımla ilgili

Bu denli manidar olmadı

BİRİNCİ SAKİL ŞAHIS

Bu dünyaya seni bir parça kurtarmak için geldim galiba
Gelgelelim yetim çocuklar ancak kendilerinden bir parça
                            kurtarabilirler dünyadan
Şanslı olanlar Chopin'den bir parça ile öpüşüp
                    ölümsüzlüğünü ilan edebilir
Şanssız olanlar doğar büyür ve ölürler bu normal karşılanır
Ölmeyenler ölümü her gece rüyalarında görürler
Bu dünyaya seni bir parça kurtarmak için geldim galiba
                                            doğru bu
Bir hüzün kaplasın diye eski kitaplarımızı
Okullarımız kırılıp dökülsün diye biz bahsederken ucuz
                                            şaraplardan
Ve olağan onca kıyametler dilimize çevrilirken kan kırmızı
Boş tuzluklara doldurulmuş en kırık öğretileri cihanda
                                            bir ilk
Mutsuzluk
Bizi birbirimize yanaştırmaya gelmiş en gerçekçi gerekçe
Umutsuzluk
Daha adamakıllı gündüz bile olmadan üstelik
Dünya ender rastlanan bir oluşum ve bu yalnızca şimdilik
Zührevi bir hastalığa akseden bir aksilik
Ya da acılı bir antagonistin hayatına zerk edilen arsenik
Kafa fotoğraflarında sen ve ben
Romeo Romeo

Aşk genel geçer bir tekerrüre tekabül
Ve umutsuzluk henüz başlamıştır üstelik
Bu dünyaya seni bir parça kurtarmak için geldim galiba
Bu dünya işte burası olarak kabul edilmiş uçan küre
Biz birbirimizi daha güzel sevelim diye Çehov
Sonra Sevgili Newton
Aşkın acısını kaldırmak maalesef namümkün
Taşla çanakla oynanan
Savaşların çıktığı herkesin öpüşüp ölüştüğü bu dünya
Benim de kurşun askerlerim vardı
Onlar silahlarıyla masumdular
Edebiyat senin benim kadar umutsuzdu
Yalnızca savaşa katılacak cesareti olan yazarlar sonsuzdular
İşte bunlara rağmen her gece yatıp uyuyoruz
Diş fırçalıyor düş görüyoruz
Bu dünyaya seni bir parça kurtarmak için geldim galiba
Ben yani süperi azaltılmış basit kahraman
Birinci sakil şahıs
Kambur tanrı
Ölü ölüm
Üstsüz çadır

Kaderimizi

Sev
Kader kaçınılmazdır...

Cesurum, bulutlar kadar cesurum
Seni göğe kadar sevmek var işte o tek kusurum

EVVELA BU BELA

Bunları alın buradan
Buraya büyük büyük açıklamalar gelecek
Hanımefendi siz kayın
Enine çizgiler bey'fendinin hasretini şişman göstermiş
Bela
Evvela bu bela çöpe gidecek
Ben bir arkadaşın evine gideceğim
Hayat karaciğerime ters bir şey mi dedi duydum
Bir bira söyledim bakmak için
Bir bira söyledim yok içtiğimden değil
Onları sökün oradan
Oraya ilkokul aşklarım gelecek
Buraya film afişleri
Firma fişleri?
Ayşe değil benim ilkokul aşkım
Ayşe Üstün'ün ilkokul aşkı
Banane yahu ben mi koydum çocuğun adını?
Ben mezun olacağım bir mevzulardan
Bir vukuatım oldu polis var
Bir şiir yazıyorum şimdilerde
Bir şiir işte yok okunsun diye değil
İçimizdeki çocuklar televizyonlarının sesini kısabiliyor mu?

Kendimi duyamıyorum
Oraya babamla anılarım gelecek evet
Ne demek küçük kutuyu mu diyorum
Küçük kutuyu diyorum tabii
Yaşlı hanımefendi çok çok yaşlı yalnız
Hayır çok yaşlı
Gereksiz fazla yaşamış
Tamam Allah uzun ömür versin ya saptama yaptım
Sap
Tamam uzatıyorsunuz oradan amcayı alın
İlk fotoğrafım gelecek oraya
Annemin olduğu evet
Kabası oldu evin aslında gerisi Allah kerim
Bir araba kiraladım, sürmek için değil
Bir araba kazasında öleceksem şoförü babam olsun isterim

YORGUN ORGAN

Bir sevişmenin daha sonuna geliyoruz
Ay yuvasına dönüyor
İşte güneş ısırıyor sokakları pembe
Bilmiyorum bu çarşaflar tekinsiz gibi
Ufukta bir serap görüyorum o da ne
İlerliyorum neden ayaklarım sırılsıklam
Yol bitmiyor bir kuş geri dönüyor
Gittiğim yerde öpücükler olmayacak
Sıcak kahvaltı görüntülü otomat
Boş olacak yatak evet
En azından bildiğim yastıklar
Ağzım kuruyor durmuyorum
Bu kere pencerenin önü istasyon
Şapkalı inen insanları sayıyor
Şapkasız inenleri selamlıyorum
Sen uyuyorsun
Bu tren artık ikimizin oluyor

İstasyon artık bir anı
Rayları kare kare fotoğraf
Bir sokak lambası altında
Kedi bir şey diyor duymuyorum
İlikliyorum ceketimi her neyse
Bir sevişmenin daha sonuna geliyoruz
Ayaklarım geri geri gidiyor
Ne zaman bilmediğim bir yorgan örtse üzerimi
Sokak kapısını bulmak
Hayli uzun sürüyor

ÇAL DJANGO AYRILIYORUMU

Bak bu bir ayrılık şiiri mesela
Ölçüleriyle, müslümanlığıyla
Matemiyle, matematiğiyle
Ben yazdım sonra
Filipinler evrilirken
daha da güdümlü yağdı yağmur
Çünkü şafak söktüğünde
önünü gördü kar taneleri
Ve ötekinden öteki olmak
daha kolaydı artık
Çünkü kıyamet kapı çalmaz
O bir tabanca misali
fısıldar içine çocukların
Her şeyi sineye çekip
Her şeyi içine çekip çekip gitmekler gibi
Düşün

Bak bu bir elma değil mesela
Duvardaki bu koca koca portreleri de
emekli bir peygamber çizmedi
mesele değil
Kapı kapanır ve gözler ıslatırken sözleri
Ben yazdım sonra
Harran'da bir kız ağladı diyorum
Nemrut'ta
Dağda
Çünkü suyu ısınan sevdalar yükselir
Yükselir ve dağa vururlar kendilerini
Sonra orada tekrar tanışıp
şekillenebilmek için
Hele fısıldarken kulağına
ne kadar ölümsüz olduğunu kar taneleri

Kış ne kadar vazgeçilmezdir
Kurumsal bir sevdanın üzerini
örterken kâr taneleri
Aşk
Bak bu bir ayrılık şiiri olur mesela
Senin güzelliğin adamı çirkinleştirir çünkü
Boyacı çocukları
köprülerin üzerine sıralar boy boy
Ve en uzun boylu çocuk aynı anda vurur denize en
ufaklıklarıyla
Bunun seninle bir ilgisi yok
Bu bir ayrılık şiiridir
Yabancı araç park edemez
Balataları oynatır çocuklarımız
Şoförü biner fark edemez

Bunların seninle bir ilgisi yok tabii
eski sevgilim
Sessiz bir filmin senaryosu bu şiir
Bir ayrılığın güncesi
Ben yazdım çünkü
Hareket halinde iki tanrı uzlaşırsa
daha yavaş vurur yere yağmur damlaları
Sevişemeyen çiftler için de geçerlidir
bu tip şeyler
Görüşemeyen çiftler için
Filipinler işin bahanesidir bakma
Bakma
Bu bir ayrılık şiiridir
Ben seni anlıyorum anlatma artık
Sen o gözlüklü olan
film artistini diyorsun eski sevgilim
Ben ayrılalım diyorum

O kadar anlaşamıyoruz düşün...

WAITING FOR GODOT
(ya da Deus Ex Machina iptal beyler Serkan Abi vinç bozuk dedi.)

"Anlamıyorum ulan" dedi
Eli kolu da birine benziyordu ama diyemiyorum kime
Toprak mayın kokuyor
Pencereler kırık devlet rengi kırık
(Alacalı renktir anlatırım başka şiire)
Patavatsız bir kodeksin içerisinde bizi kanserojen öğe
                                                    bellemişler
Yetişin!
Yıldızları hap diye yutan temelli ateistler!
E200, Lityum, Kodein vesaire neyse
İşimle düşümü benden ayrı bellemiş mücahitler!
Baktın mı diyalektler uzuyor,
Peşi sıra çocuktun sen
Her şey ne acayip karışıyor birbirine
Kısmen benim hep benim!
Saçma sapan bir yerdeyim.
Birini bekliyorum ulan!!
Dedi...

(Kaşı bir kalktı ki havaya aaa... aynı biri!
Ama çıkaramıyorum vallahi kim.)
Bu hayatta yalnızlığa çözüm bulacak birini bekliyorum!
Aymazlığa karşı duracak düşük yüzdeli dilimi bekliyorum!
Yazzarkenn bile tekkliyorum;
Anlamıyorum ulan!
Dedi...
(Biraz da sarhoş oldu. Aklında binlerce ideoloji
Sağını solunu bilse tarif verecek belki de.)
Ay'ı bozdunuz ses etmedik!
Ortasında başı bozuk bir bayrak!
Sokağın müziği de, devletin tüzüğü de
(Gerildi gerildi)
ROCK!!
"Yaşşa be babacım ne ala kafiye!"
(Övüyorum onu ki üzülmesin diye.)
Fethederken haricini atmosferde bir oyuk!
Tanrısallık başka meseledir!!
(De... Tanrısallık nere Samatya nere moruk.)
Diyorum ben.
Yani içimden.

O

Ben, ölümü bekliyorum ulan!!
Dedi.
Büyük büyük bahçelerde ararken kaybettiğim yönümü
bekliyorum!
Saklambaç oynarken göremediğim önümü bekliyorum!
Diyorum yani, diğerim o,
Diyor ki!
(Buralar karışık, anlatıcam. Çok içti çok.)
"Aklın ermeyen her 'izm'i aynı metaforla kaynat!
En insanı arıyor niteliksiz olan insan
Toprak yine toprak!
Foucault yine Foucault!
Bana önermesi duru hayat olan bir çocuk masalı anlat!"
Elmaya elma diyemediğin o psikoloji o edebiyat
Seni insanlıktan alıp kaçıran işte bu neşriyat
Bakıyorsun
Fiziğe baş kaldırıyor aynı insan ve türevi hayvanat!
BEN!

Başkaldırmanın da fiziksel bir aktivite olduğu unutulunca...
(Yani galiba diyor ki bunlar bize koşullandırılmış malumat)
Yaratılmamış bir zaman ve duruma kendimi ekliyorum!
Vasat bir komedide yazılmış sonumu bekliyorum!
Viskimi de rakımı da erkenden içmişim!
(Belli.)
Birkaç olgu toplanmışız,
Eklerken birden tekliyorum!
Anlamak için burada olanlar oldu!
(Beni diyor.)
Zaman Zaman.
Biliriz ki zamandır en çok harcanan.

Ansiklopediler, kitaplar hatmetti alimler
"Şu an"ın denginde olan.
Nietzsche tamam,
Kant tamam.
(Hepsine kucak dolusu bin selam)
Asıl mesele o değil ulan!
Ben önemi bekliyorum!
Dedi.
Çocukken cebimden harcadığım dönemi bekliyorum.
Daha da küçüksem,
İlime kan verdiysem,
Hayat sigortalamadıysa beni otomatik olarak.
Ölüm raporumda anemi bekliyorum.
Sonra belki o kızı aldırırım yanıma.
Bir de aynalı "Deus ex Machina"
Öyle bekliyorum ulan...
Dedi.

(Öyle de bekledi.)

OLSUNDU

Öte yandan mutluydu iki güvercin
Postacı sokaktan geçip giderken
Çalışıyor dünya güzel
Işık en kıdemli yerlerinde kırılıyor perdeler mutlu
Hepi topu bir avuç insanız hepimiz
Bir de senin aldığın fincanlar evimizde
Üzerlerinde de hepi topu iki güvercin daha

Sen ne acayip kadınsın

Öte yandan hızlıydı trenler
İnsanlar hızlıydı
Ve bu saydıklarım bizim penceremizin önünde
Diğer pencereler
Hepi topu yaşlı dul birkaç kadınlardı mutlu
Ormanlar mutluydu
Kadınlar mutlu
Hepi topu bir avuç insandı gidenler
Kalanlar mutlu
Simit satan amca durur oralarda bir yerde
Oralarda onun oğlu durur, Mutlu
Oralarda oğlu oğul olmaktan
Amca simit satmaktan mutluydu
Güzel gidiyor her şey güzel

Öte yandan buralar
Ki asfalt çiçek açmaz
Akşamüstü güneşi göstermez binalar

Olsundu

Zaman zaman melankoli
Zaman zaman terazi
Zaman zaman ben
Mutluyduk vesselam

Bir de sen zaten

Sen ne acayip kadınsın

GEMİ GÖNDERME NUH ÖLDÜ

Bu cumalar üzerimize geliyor Baba
Nefes alamıyoruz
Bin hudutta şehadet getiren
bin haydutun kiniyle
Tepemizde o dağlarda eşkıya gibi tepemizde
Bakma çok beterdir bu şerefsiz evlatları Baba
Biz artık anlaşamıyoruz
Her şey dörtnala kirliye gidiyor
Atlar terli
Dörtnala bayır aşağı çağlıyor atlar
Ve akıllarında kadın olmak korkuları
Babamız bizim!
Elindeyse artık sertçe kendine çek şu yuları
Yani bir minibüs A noktasından kalkar
Ve B noktasında olaysızca dağılmalıdır yolcuları
Bu cumalar üzerimize geliyor Baba
Yaşayamıyoruz
Melekleri şeytan tane şeytana hibe ettik
Sayımız gittikçe azalmakta
Göğe çıkan bin melek ardından
kurtlar güneşe ulumakta

Aydınlık aydınlık diye
lambaya muma tamah ediyoruz

Bizi bu dünyanın kirine sen kardın Baba
Gökyüzünü de birbirine sen katacaksın aklanalım diye
altında karın
Çünkü
Çocukları çocuk gibi sevmezsen
Bir manası kalmaz
içinden şeker geçen şarkılarının...

PARVUM OPUS
(Ya da savaş halüsinasyonları gören psikotik çocuğun taburcu belgesi)

Bebek melek gökyüzüne savurdu kelebeğini
Ecel büküldü
Teoride şeytan bir şey yapmıyordu ve
Dur dedi Tanrılardan en istikrarlı olanı
Kısa boyluydu
Önce Rachmaninoff yasaklandı
Bir şeyler daha söylemek istedi insanlar
Bazıları saksafonlarına asıldı bazıları saklandı
Bir rüzgârın içinden doğru esen başka bir rüzgâra
Katılmıyordu Tanrı
Canlı olmak huzurlu olmayı gerektirmezdi
Öte yandan huzurlu olabilmek için de canlı kalmak gerekirdi
Bu gözden kaçırdığı yüzlerce meseleden yalnızca birisiydi

Melekler şimdi de bir ormanı istila ediyordu
Bir ormanın içine akarak
Bir ormanın içini açıp bakarak
Bir orman olmayı yakarak
Güneş yasaklandı
Saatler günlerin içine bükülüyor zaman huzursuzlanıyordu
Kalabalıklar meydanlarda toplandılar
Duvara asılan posterlerde yine aynı yüzler vardı
Bebek melek düşen kelebeğini tuttu
Parmağını kesmişti
Olsundu

Kelebeği katladı ve arka cebine koydu
Koydu ve bir anda insanlar ikiye bölündüler
Şehirler ikiye bölündü
Irmaklar ikiye bölündü
Dinler ikiye bölündüler
Dur dedi Tanrılardan istikrarlı olanı
Burada bir kısım isimler fazla
İsimler ikiye bölündüler
Bir kısım şehirler bir kısım hayvanlar fazla
Bölündüler bölündüler bölündüler
Sonra kan çıktı
Çok fazla kan birbirini kanla yıkadı
Artık herkes ve her şey kırmızıydı
Müzik sustu
Biz küstük
Silkindi bebek melek
Artık bir yetişkindi
Silkindi yetişkin melek ve düşündü

Çünkü tanrılar da Mesih kompleksi yaşarlar
Çünkü bütün bunların toplamını yaratan varlık insandır
Çünkü insanlık üstünlükten değil eşitlikten doğan bir
                                                    kavramdır
Sözgelimi zehirli bir elmayı kutsarsa Tanrı

Yaşayanlar daha Tanrı

Ölenler inananlardır

FIGURE HUMAIN

Bugün ne kadar tutuklu gözlerin
Bir çiçeğe saplanmış uzaklardan
Ölesiye bakıyor doymuyorsun
Acıların esiyor uzaklardan üzerimize
Bu tuzaklardan sana kalan
Bir mum yakıyorsun
Bakışların artık daha kahverengi
Mum sabaha dönüyor
Sis
Bulutların arkasından göz kırpıyor İstanbul
İfadesiz

Sen konuşmaz şarkı söylerdin mutlu sabahlarında
Şimdi dudaklarında bir hayır
Ve mutluluk yuvasını terk eden bir güvercin
Uçmuyor da
Bahar kadar sarı bir şeyler oluyor
Ben sana doğru koşuyorum
Acıların üzerinden atlayarak
Yoksulluklardan
Bir kağıdı katlayarak uçak uçak
Seni şehirlerde görüyorum
Su terazilerinde
Kalbim
Bu İstanbul neden var?
Düşlerimde ve acılarımda
Yaşamımda ve yaşamamak artık
Bugün ne kadar tutuklu gözlerin
Derin bir nefes alıyorsun
İstanbul evin içine doluyor

DUMANI DÜNÜN

İki hece arasında çekilen o duman
Yani zamanı zamanla kırmak zamanı tam ortasından
Söylenecek onca söz
Gidilecek onca yol
Belki gizli bir tünel vardı paravanın arkasından
Böyle rastgele olmayı babamızdan öğrenmişimiz
Yoksa seni bırakmak hangi gezegeninde mümkün
                                        Beyoğlu'nun
Kalabalıklarda elini bırakmak
Bırakmak bileklerinden
Ne mümkün

İkimiz ayağımızı sarkıtmışız bir uçtan bir ucuna

Galata

Sabah 6'da apartman önlerinde işe giden insanlar sesi
Varsa birkaç tane kuş geçiyor içimizden
Varsa çatılarda kediler
Varsa arabaların peşinden koşan köpek
Ve varsa yoksa gözlerin

Hadi şimdi bana mükemmeliyeti anlat diyorum
Erken kalkıp bir de çay demliyorsun

Bırak böyle iki gözü

Sevmemek o ellerini
Ne mümkün

ZURNA

Tutunun tutunun dedi dört numaralı melek
Bu şelalenin sonunda el değmemiş mavi bir açelya vardır
Tanrının suyunda yeşil
Mavinin hatırında mavi
Aşk bir onulmazlık iklimidir önce çingeneler geçer köprüyü
Sonra geride kalanlar
Aksak nota
Kısa vuruş
Teker teker...

SEN ÖYLE

Sen öyle bir bakardın ki bana
Sanki cebimden dünyayı çıkarmışım,
Bir tarafı yazı
Bir tarafı tura
Ben anca kendime kadar bilmişim yaşamayı
Binmişim akşamüstü vapura
Korkulu ve sonsuz kadar kişi peşime
Oturmuşum iskele tarafına
Bir bakmışım martılar
Bir bakmışım işime

Sonra
Sen öyle bir otururdun ki yanıma
Sanki iki süsü gibi bu dünyanın
Mevsim bize yakışmış
Vapurlar bize yakışmış
Zaten beni saymasan
Sana ne yakışmaz Allah var
Sen öyle bir bakardın ki bana
Sanki bir bulutun kenarını azıcık itmişim de
gökyüzü gülmüş
Ne yanıyorsa nerde sönmüş
Ve ben

Bütün şiirlerin kurallarını kırmışım
Kırmak için değil ha
Estağfurullah

Bilmediğimden...

KASIMIN SONU
(Ya da ne bileyim işte içim çıktı giden olmaktan)

Puslu ve eski bir kasım sabahıydı ölen
Zaman içerisinde de ölmeye devam ediyordu
Sen bir elinde ceketimi tutuyordun
Ve İstanbul'da bir mevsim
Resmen intihar ediyordu
Ölüme sen dayanıyordun bir tek
Gözlerinden bir damla yaş dahi damlamıyordu
Beni görenlerin içi acıyor
Seni görenler kasımın öldüğünü anlamıyordu
Puslu ve eski bir kasım sabahıydı
Pusluydu
Ya göz gözü görmüyordu
Ya da göz sahipleri görüşmekten yorulmuşlardı
Kışlıkların arasından büyük bavulu indirdim
Yani anlaşılıyordu ki yorgun olan ben değildim
İki tane kitap koydum içine
Bir de şiir vardı çok sevdiğim
Bavula koyamadım o aklımdaydı
Koskoca bir mevsimi öldürdün o sabah
Farkına bile varmadan

Şiirler farkındaydı

UNUTMAK

Unutmak
O uçmak uçmak diye
Koşmak koşmak yolları
Bir umut bir umudu bile bile
Çünkü hayat karışmış bu kablolar
Yatak odasına dalmış güvercin
Aynaya iliştirilmiş bir resim
Resmin arkasında sahte bir isim
Unutmak
Bir evi yaşatmak penceresinden dışarı
Fonksiyonsuz bir dinamik
Porselende ruj izi
Ardı arkası kesilmeyen şarkılar
Başarısız bir ameliyat
Başarısız bir edebiyat
Çok işlevli bir giyotin
Unutmak
Bakma
Elzem değil aslında

JAPON KIYAMET

Kıyamet açtı kollarını
Akdeniz ürktü
Dolambaçlı bir yol aldı haziran
Ekvator dudaklarını büktü
Şimdi sıkılmayacağın bir tanrı tut içerinden
Katla onu bu sayfaların içerisine sakla
Bir sebep bul ikna et ikimizi
İki kuş vurabilmek için tek bir amaçla
Kıyamet açtı kollarını
Hazine bölüşüldü
Doktor atadılar temmuzu
Yaralılar öpüşüldü
Şimdi payıma ne kaldıysa bu savaştan
Bir gemiye koyuyorum kendimi
Bıçaklarım bilenmiş
Zincirli künyemde kazılı adın
Kıyamet açtı kollarını
Ve işte karşımda yatağa deli gibi düşebileceğim

En az senin gibi bir kadın

GÜL!

Yani gülün binlerce çeşidi var biliyorum

Sen birini gülüyorsun
İşte ben o zaman sarhoş oluyorum...

ALO İNTİHAR HATTI

Ve diyelim ki vazgeçiyorsun yaşamaktan
Öncelikle bu suçu işleyecek bir alet
Ara bul ki vazgeçmeye delalet
Tercihen acı vermeyen
Emanet
Bir ömrü tam ortasından ikiye bölecek
Problemli bir psikolojinin
Sabah haplarını almamış günaydını denli gergin
Uzun soluklu aciz bir zıpkın ya da
Bıkkın ve yitik şu hayatın boşluğunda
BAM diye patlayacak bir yakışıklı tabanca

Netice itibarıyla vazgeçmek bu yaşamaktan
Anca
Unutulmak için tutup Tanrıyı ellerinden
Sonsuzluğun içerisinde bir zerre olmak
Hatıralarda solmak için
Eski fotoğraflar gibi
Eski
Bir sahnenin ışıklarını taşlayarak karartıp
Mümkünse daha az saldırgan bir ortaoyununa
Tırnak içerisinde
Nur içerisinde başlamak girişimidir aslında

Ve diyelim ki vazgeçiyorsun yaşamaktan

Tanrıya bir adım daha yaklaşmak için
Riyakâr bir iç hesaplaşma
Karıştırılan dua kitapları
Herkesten özür dileyen çalakalem
Doludizgin intihar mektupları
Halbuki Tanrı masumiyet istemez
Cürüm, kıyam, isyan ister
Muktedir olduğun en yüce şeyleri düşün
İnsanoğlunun üzerinde tepindiği oluk oluk kanı
Biliyorsun
Yeterince sevmek fazlasıyla tedirgin eder insanı
Yaşamaktan pes ediyorsun bir akşamüstü
Masum olabilmek için
Manikürlü tırnaklarınla
Yavru bir köpek gibi eşeliyorsun killi toprağı
Kazmak
Yolun sonu gelene kadar kazmak
Tanrıya erişene kadar kazmak
Kendine topraktan kısa soluklu dandik bir tarih yazmak için
Cennete gitmek istiyorsun
Fakat

Ölmen gerekli bunun için

Ve diyelim ki vazgeçiyorsun yaşamaktan
Tanrıyı sınıyorsun
Bıçağını biliyorsun
İntihar çok kereler gerçekçi sonuçlar veren
                              ampirik bir deneyimdir
Bunu iyi biliyorsun

Ve diyelim ki vazgeçiyorsun yaşamaktan
Çünkü yaşamak değersiz diyorsun
Çünkü meğer siz
Değersizmişsiniz!

"Değersiz!"

Kapatmak istiyorsun gözlerini hayata erken
Değersiz...

                              Bari çayın altını da kapat giderken...

BEŞİKTAŞ TANGO

Şehrin kısıtlı yerlerinden geçiyorum mesela Beşiktaş'tan
                                                    yürüyerek
Ölüm var ölümü tanıyorum
Tanrılar tanıyorum ölümsüz onlar
Çıplak bir köpeğe şaşırıyorum
Tophane rıhtımına doğru
Bir yelken daha açıyorum yaşamak hızlanıyor
Şarkılar duyuyorum kahverengi
Koca koca şarkılar

Bunca çok şey akıyor kaldırım kenarları
Şehir omuzlarının üzerinden
Gülümsüyorsun
Gülümsemek senin gibiler yüzünden güzel
Islanıyorum yağmur gibi bir şeylerden
Belki de şehir daha da küçülüyor

Benim anason kokan şehrim
Sokaklarında herkes gülümsesin
Dudakları ve elleri

Sevgilime benzesin herkesin

VASİYET

Ben ölürsem bir kutuya koyun İstanbul'u
Altın olsun kutu
Ölmek kolay sanılmasın
Bir çocuk şiirler okusun meydanlarda
Üvercinka mesela
Annem mavi giyinsin
Kimse ağlamasın
Galata Kulesi'ni ilk isteyene verin
Beyoğlu'nu göğe
Beni kitaplarımla gömün ölürsem
Şiirim toprağa karışsın
Ben ölürsem bir kutuya koyun İstanbul'u

Uyumasın,

Gözleri karanlığa alışsın.

KALDIRIM ŞUT VE ÖLÜM

Karşı kaldırımda duruyorum
Sonbaharda
Bir karanlık ki içim sanki İstanbul'da planlı kesinti
İçim bir iç ki sanki şalter atmış uzanamıyorum,
İçim bir iç ki içki içsem fayda etmeyecek, öyle
Seni özlemek sabah gibi bir şeydir çünkü
Gün ayınca çöker üzerine insanın

Karşı kaldırımda duruyorum
Bakışırken gözlerin ıslak
Dudakların öpülesi
Sen karşı kaldırımın takımındasındır artık
Bense karşı kaldırımın kalecisi
Sonra düdük çalar,
Otobüs geçer, gece düşer, üşünür
Bir otobüs şoförü
İki kaldırımın arasından geçerken neler düşünür
İşte bunun merakıyla uyumalı geceleri
Biz öpüşemedikçe rüyalar gerçekçi olur
Uyanmak yeniden ölmek gibi bir şeydir bu yüzden
Boş ver

Karşı kaldırımda duruyorum
Sonbaharda
Hiç bakmamış gibi bakıyor gözlerin
Elbiselerine kadar acemi
Ceplerine kadar acemi
Ve bir adam belirdi karşıdan
Açlık vardı,
Sefalet vardı,
Madenciler ölüyordu,
Afrika boku yemişti,
Adam sana doğru geliyordu,
Suriye kötüye gidiyor,
Kıtalar sola kayıyor,
Adam sana bir çiçek uzatıyordu,
Birtakım balıkların nesli tükenmiş,
Güneş ölüyor,
İkimize dair olan her şey
En az birimizi terk ediyordu.

Karşı kaldırımda vaziyet bomboktu!

Sen ise çiçeği kokluyordun

Karşı kaldırımda duruyorum
Şahsıma yapılmış bu haysiyetsizlik
Yüksekokullarda müfredata girecektir
Zira
Bir çiçeğin çiçek kokmasıyla kokmaması
Arasındaki meseleler çiçek kokuyorsa
Bu halk çiçekten çok çiçekçi olmuş demektir

Karşı kaldırımda duruyorum
Sonbaharda
Sonbahar beni de vurdu sevgilim,
Sanki bir dalın ucunda yaprak gibi sallanıyorum
Bir çocuğa anlatır gibi anlat bana onu sevdiğini

Sen gözlerimin içine bakınca

Ben yanlış anlıyorum...

DURMAK

Bir öğlen vakti vuruluyor tahta kapı
Ve seni döküyor evin içerisine
Parmakların ne kadar güzel bugün
Ne çok yakışıyorlar ellerine
İki kazak ve birkaç kitap giriyor kutuya
Gidiyorsun
Bana soracak olursan en çok dudakların gidiyor
Sonra dizlerin
Radyoda manidar bir aşk şarkısı çalıyor
Nedense içimde öylece durmak var bugün
Bir duvara yaslayıp da sırtımı
Öylece
Durmak
Hiç görmediğim iki çift ayakkabı buluyorsun evin içinde
Onlar da kutuya giriyor

Gidiyorsun
Demek ayakların da gidiyor
İçimi kendi içinden bölmek var içimde bugün
Sigaradan duman çıkmıyor tadı acı
Bir şişe şarap olacaktı evde
Biraz şarap ve birkaç uyku ilacı
Şampuanların da giriyor kutuya
Sanki saçının her teli için ayrı bir şampuanın var
Bunların hangisi hangisidir hiç öğrenemedim
Rimel, maskara, allık, far
Diş fırçan giriyor kutuya şimdi de
Demek ki bütün yüzün gidiyor
Dişlerin
Saçların
Dudakların dahil
İçimde iç geçiriyor bütün anılarım
Durmak
Orada durup oturmaktan başka kimdim ben?
Bu ayrılık gerçek hayatta ne işime yarayacak?
Bugün canımı nasıl kurtarabilirim kendimden?
Gidiyorsun
Bana soracak olursan en çok gözlerin gidiyor
Sonra gülüşlerin
Düşlerim
Duruyorum.

APARTMAN ÇİÇEĞİ

Sen gidince dili bıraktım
Kaldırdım çekyatı televizyonun önünden
Reklamlar küstü
Geçtim pencerenin önüne
Ayrılık dedim
Bilirsin insanı binaların kenarına doğru iter o acı
Uzattım kafamı pencereden
Şiirlerde oynayan çocuklar hâlâ oradalar mı diye baktım
Saliha Teyze'nin Mehmet milletvekili olmuş
Muzaffer manifaturacı
Sen gidince sepet aldım balkona
Evden çıkmak yoldan çıkmak gibi büyüdü gözümde
Kuşun kafesini açtım bir akşamüstü
Kafesin adını Maviş koydum
Sen gidince
Rasyonel düşünceyi bıraktım
Gazete falan okurken büyük kolaylık oldu
İki ayrı çiçek yetiştirdim iki ayrı saksıda
Birinin adını Solmaz koydum

Diğeri soldu

RÜZGÂRIN KIZ

Merhaba ç'leri kaybolmuş kaçakları bulmak
Üzerlerinden güneş geçen şapkalı otobanları
Atardamarı turuncu renkten bir kuş yapmak, öpmek
Merhaba kahvaltılarında ekmek yerine ölmek çocukları
Şimdi bir denizin belini boyamak ne mümkündür artık
İşbu deniz de işinde ve de gücündedir üstelik
Hele gökyüzü ki bütün bu maviliklere gebe
Gökyüzü ki kurnaz bir tilki tilki
Şimdi bir kadın kadın olur kadındır merhaba
Merhaba bakın bir ağaç
Yıldızlar bir yanıyor bir sönüyor elbette ki bu doğru
Yokuşlar az evvelden uzun yokuşlar uzamakta
Rüzgâr rüzgâra karşı rüzgâr doğudan esmekte
Bir kız çok üşüyor anlıyorum
Ama esmek değildir aslolan
Marifet
O kıza
O hırkayı giydirmekte

ŞU SEVDALAR TEVATÜRÜ

Bir sel alır aklımı götürür
O senli diyarlarına dünün
Dirseklerimizin dokunduğu pembe bir günün
Diyorum ki bu mavilerini de ben boyamışsam gökyüzünün
Adını sevdiğim yıldızı kucaklamakta özgürüm
İstediğim sarısıyla güneşi
Ufukta beliren o kocaman bulutlar nirengi
İstersem toprak alabildiğine kahverengi
Çok özgürüm o kadar ki
Sabaha açan bir gülün tarihinde tekerrür etmekte özgürüm
Bir yel alır aklımı eser tepelerine biz olmanın
İstersem tarlalarımızdan zararlı tartışmalar yolmanın
İkimizin de birbiriyle öpüştüğü alacalı bir sonun
Yanından geçerim ıslık çalarak istersem
İstersem alır seni götürürüm istediğim kentlere

Aklıma sen gelirsen böyle yağmurlu bir günde diye
Bir al alır morumu götürür siyahlara
İstersem o çoktan sevişmeli güzergâhlara
Bin tevatürü bin bir vukuyla
Yaralı sevdalarımı çayın ılık suyuyla
Hasretimi annemin en sevdiğim huyuyla yıkamakta
özgürüm
Bir gün alır aklımı götürür
Bir gün istersem güvercinlerle Tanrıya
Çok özgürüm o kadar ki
En az seninle baş başa birkaç dakika geçirmek kadar
Çünkü yerden uzaya zıplamak imkânsızdır doğrudur bu
Ama bir uçurumdan atlamak mümkündür
Türlü yeni imkânlara
İstersem karlar alır başını gider
Yağmur alır başını gider
Bir sel alır aklımı götürür istersem
Çok özgürüm o kadar ki
Dirseklerimizin dokunduğu o pembe günlerde

İkimizle ilgili istediğim hayali kurmakta özgürüm

STATUS QUO

Bu hayatta oynanan ahmakça bir oyun
Ve bir oğlan çocuğu daha veda eder hayata erken
Bir oğlan çocuğu bir sokak köşesinde yüzükoyun
(Çünkü biz biraz da ölümden bahsediyorduk
bu daha başlangıç derken)
Kardeşliğin kokusunu, özgürlüğün dokusunu
                                    paylaşabilmeklerden
Belki bir iki güzel evlat severdi,
Öyle büyürdü onlar da diye
Hayat sen öyle bir yerlere savurdun ki ahlaklı olmaları
En iyilerimiz en mutsuz oldu en mutlu sonlarda bile

Sonra bir kara karanfili kopartırken
Son sözlerinden oğlan çocuğu
Unutulamayacak kadar görkemli
Allahın belası bir uçurumun ağzında
Sırtında dedesinden kalma yamalı ince gocuğu
Düşüverir evlerimizin önündeki taşlara
(Çünkü biz biraz da sokaklarımızı korumak için
dizmiştik o taşları)

Bu hayatta verilen ahmakça bir karar
Ve bir oğlan çocuğu daha veda eder hayata erken
Bir anne gözyaşları içinde polisi arar
Ve daha ne kadar çaresiz olabileceğini düşünür ararken
Sonra sevdiği bir türküyü söylerken içinden çocuk
En önemli çiçekleri birer birer uzatır gökyüzüne seçerek
İki üç evlat hayallerinin en az bir tanesinden vazgeçerek
Sonra savaş biter ve taraflarca ölüşülür
Sokaklar temizlenir
Ganimetler bölüşülür
İyi kalpli Ahmet'lerle
Yeni doğmuş Ahmet'lerle
Hepimiz Ahmet'lerle son bir defa görüşülür
Son bir defa gülüşülür
Yaşamak ne kadar masum bir günahtı derken

Ve bir oğlan çocuğu daha veda eder
Kapatır gözlerini erken...